Dieses Buch gehört:
. . . .
. . . .

Und wurde geschenkt von:
. . . .
. . . .

Datum:
. . . .
. . . .

Über dieses Buch Die alten Liebesromanzen haben ausgedient: Frösche sind grün und häßlich und bleiben deshalb ungeküßt. Plumpe Prinzen geraten an ebenso plumpe Hausmütterchen. In diesen Eva-Heller-Cartoons siegt das Realitätsprinzip über die Märchenträume der Liebe. Kein Wunder also, daß bei den Empfindsamen und echt Betroffenen manche Klage laut wird.
»Mir sind diese modernen Typen alle zu unsensibel!« sagt ein Wurm, der aus einer saftigen Birne herausschaut, zu einem anderen Wurm, der leider nur eine kalte und helle Glühbirne erwischt hat. Auch Konservendosen sprechen professionell von ihren Gefühlen, sind im Prinzip »unheimlich offen«. Und Zahnbürsten wissen aus Erfahrung, wie schmerzhaft die Eifersucht sein kann.
Wer kennt sie nicht, die Sprüche über die eigenen Empfindlichkeiten im Umgang mit dem anderen. Mann und Frau kriegen in diesen Cartoons gleichermaßen ihr Fett ab, vor allem wenn sie – im Zugzwang enttäuschter Zweisamkeit – ihr Heil in modischen Selbstverwirklichungsritualen suchen: sie beim Töpfern von Vasen und Schüsseln, er als autonomer Hausmann beim Reinigen der Toilette.

Die Autorin *Eva Heller* lebt in Frankfurt am Main, Ihren Erfolgsroman ›Beim nächsten Mann wird alles anders‹ (Fischer Taschenbuch Bd. 3787) hat fast jede(r) gelesen. Bevor sie ihn schrieb, zeichnete sie Cartoons, die in zahlreichen Zeitschriften und Zeitungen publiziert wurden, u. a. in: ›Brigitte‹, ›Bunte‹, ›Frankfurter Rundschau‹, ›freundin‹, ›pardon‹, ›Psychologie heute‹, ›Stern‹, ›Transatlantik‹.
Von Eva Heller sind *zwei weitere Cartoonbände im Fischer Taschenbuch Verlag erschienen*: ›Küß mich, ich bin eine verzauberte Geschirrspülmaschine!‹ (Bd. 10940), ›Willst du meine Teilzeit-Lebensgefährtin werden?‹ (Bd. 10971). Als Sozialwissenschaftlerin hat Eva Heller auch zwei Fachbücher publiziert: ›Wie Werbung wirkt: Theorien und Tatsachen‹ (Fischer Taschenbuch Bd. 3839) und ›Wie Farben wirken: Farbpsychologie, Farbsymbolik, kreative Farbgestaltung‹ (Reinbek 1989).

Eva Heller

Vielleicht sind wir eben zu verschieden!

Cartoons

Fischer Taschenbuch Verlag

Veröffentlicht im Fischer Taschenbuch Verlag GmbH,
Frankfurt am Main, November 1992

Lizenzausgabe mit freundlicher Genehmigung
der Lappan Verlag GmbH, Oldenburg
Der vorliegende Band wurde zusammengestellt aus den 1984
und 1987 im Lappan Verlag erschienenen Cartoonbänden:
›Küß mich, ich bin eine verzauberte Geschirrspülmaschine!‹
und ›Vielleicht sind wir einfach zu verschieden!‹

Umschlaggestaltung unter Verwendung einer
Zeichnung von Eva Heller: Manfred Walch, Frankfurt am Main
Reproduktion: Indstriedienst Reproduktion GmbH, Wiesbaden
Druck und Bindung: Clausen & Bosse, Leck
Printed in Germany
ISBN 3-596-10979-5

VOM SINN DES STREBENS

also ich bin
unheimlich
offen
Eva H.

Nach der Vollendung

es wird jetzt langsam Zeit, daß ich von mir selbst wieder wegfinde.
Eva H.

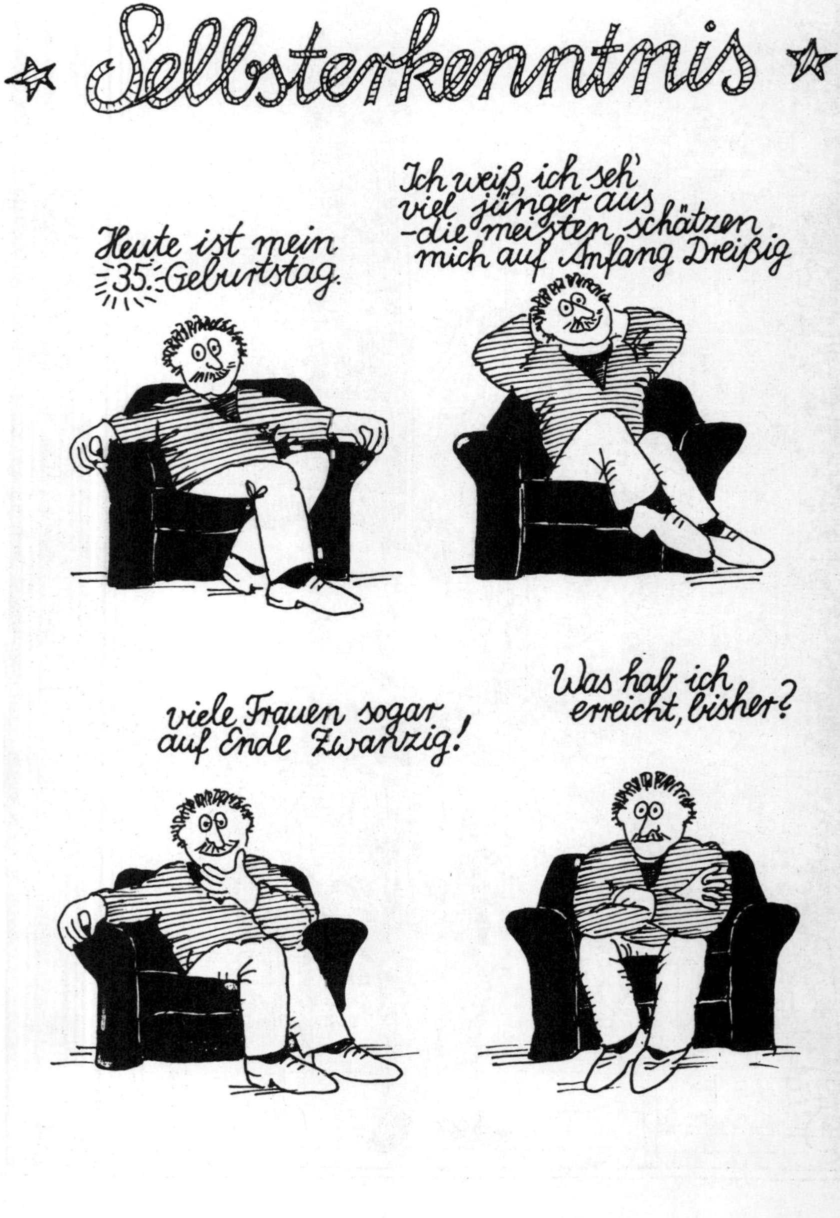
Selbsterkenntnis
Heute ist mein 35. Geburtstag.
Ich weiß, ich seh' viel jünger aus -die meisten schätzen mich auf Anfang Dreißig
viele Frauen sogar auf Ende Zwanzig!
Was hab ich erreicht, bisher?

Ich hab 1 Kind – lebt bei meiner Ex-Frau – und ich lebe in einer relativ stabilen Zweierbeziehung, mein Job ist auch relativ stabil
und mein Auto hat auch noch ein Jahr TÜV.
Meine Freundin ist 18. Aber ehrlich, der Altersunterschied ist total unproblematisch
... für mich.

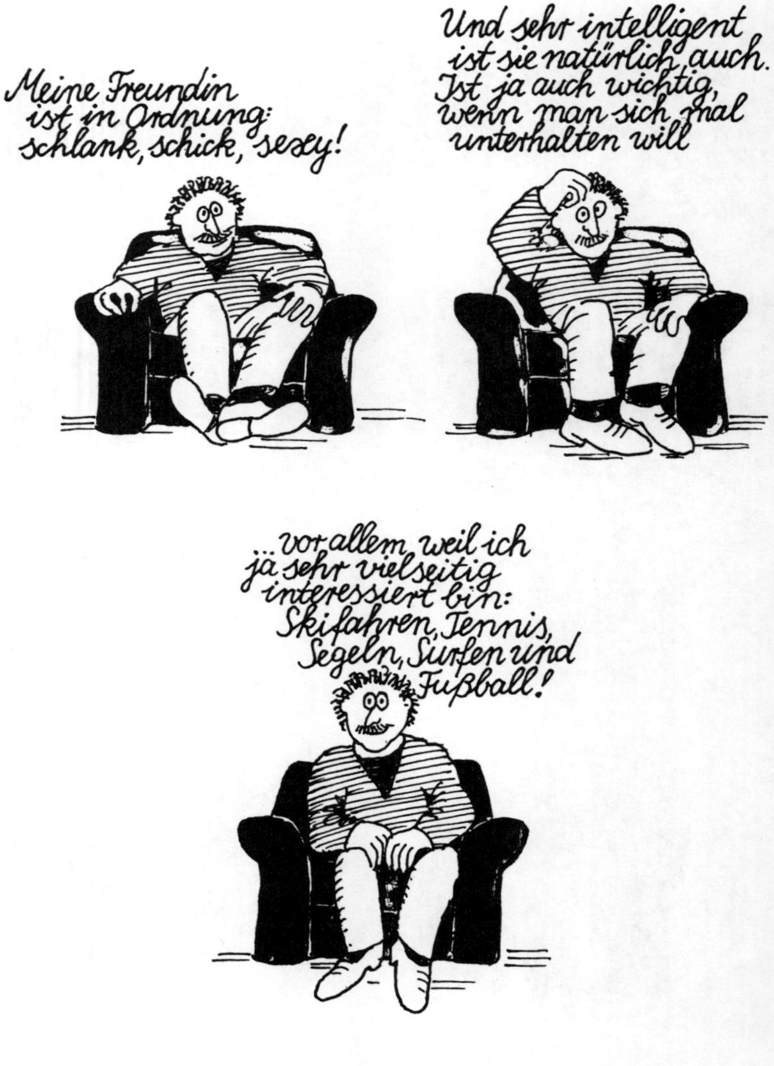
Meine Freundin ist in Ordnung: schlank, schick, sexy!
Und sehr intelligent ist sie natürlich auch. Ist ja auch wichtig, wenn man sich mal unterhalten will
...vor allem weil ich ja sehr vielseitig interessiert bin: Skifahren, Tennis, Segeln, Surfen und Fußball!

Und natürlich lese ich gerne ein gutes Buch, liebe die Kunst und trinke gerne Rotwein.
Also Probleme hab ich keine. Nur so manchmal, da hab ich diese Angst...
- ich sag das ganz offen, weil ich nämlich so wahnsinnig selbstkritisch bin -

also manchmal, da hab
ich trotz allem Angst,
daß ich doch nicht zu
jenen Männern gehöre

... die diese
unverwechselbare
Individualität
ausstrahlen!
Eva H.

Jetzt endlich ist mein Bart lang genug für 'ne richtige Bo Derek-Frisur – und jetzt weiß keine Sau mehr wer Bo Derek ist!
Eva H.

Die Zukunft

mehr Zukunft →

Die Welt der Frau wird immer vielfältiger...

Wenn morgen
seine Frau vom
Urlaub zurückkommt
und du gammelst
immer noch hier rum-
ich kann dich
nur warnen-
die reißt dir
jede Borste
einzeln
aus!
Eva H.

Erfüllte Wünsche

So sah ich aus, damals, als ich geheiratet hab.

Eigentlich heiße ich Jutta – aber mein Mann fand Julia viel chicer.

Julia, sagte er, laß doch dein schönes Haar wachsen

also ließ ich es wachsen.
Und weil er Blondinen bevorzugt – warum auch nicht!
Statt der Brille haben wir uns dann für Kontaktlinsen entschieden.

Ja und dann wurde mein Mann befördert
...was natürlich ein entsprechendes Auftreten meinerseits erforderte.
Ja. Und als ich noch endlich die erwünschten 10 Kilo abgehungert hatte...
-tja, was soll ich sagen-

also, da hat mein Mann mich verlassen
weil ich nicht mehr die Frau sei, die er damals geheiratet hat.
Eva H.

Weißt du noch, wie wir früher so manchmal zusammen in unserem einzigen Sessel saßen?
Eva H.

ANMACHE

Idiot, mach mich nicht an, oder es knallt! Kapiert?
schmor
plink
zisch
ploink
Knips
PÄNG
KNALL
Aua!! Verdammte Scheiß
Ich hab dich gewarnt, Idiot.
Eva H.

Typisch Glühbirne!

OBEN
NICHT STÜRZEN
Ich glaube fast,
Sie haben sich etwas
verhört: Ich möchte
keinen Elefanten-Koffer
- einen eleganten Koffer
hab ich gesagt!
Eva H.

Die Opfer der Emanzipation

Ein Mann schlägt zurück!

Immer dasselbe:
sie behaupten, ich
hätte sie an ihrer
Selbstverwirklichung
gehindert.

Reiner Egoismus.
Hat keinen Zweck
sich was anderes
vorzumachen
-ich kenne
die Frauen.

Aber ich werde die Konsequenzen ziehen. Darauf können sich diese Weiber verlassen!
Ich geh zurück zu meinem Vater!
Eva H.

Ich hab echt null Bock!
Eva H.

Märchenhaftes:

Es war einmal ...

Wozu sucht Ihr die Frau?
Ach so.
Zum Heiraten

Ach so
Doch eine Bedingung gehört dazu: Der Frau muß passen dieser Schuh!

Obermaterial Leder... recht gute Qualität... na ja, ich kann mal meine Töchter fragen

Ramona! Gieselgundel! Stephanie! Vor'm Haus steht ein Prinz, der will eine Frau heiraten, der dieser Schuh paßt.
Danke, wir wollen aber nicht heiraten!
Ideen haben manche Männer! -Wahrscheinlich ein Schuhfetischist!
Könnt' ja jeder kommen!

Wie sieht der Typ denn aus?

ein Blick auf den Prinzen...

ein Blick auf den Schuh...

daher:

Paßt genau!
Aber soll ich einfach
den nächstbesten Prinzen
nehmen?

Nimm ihn!
Der ist treu-der hat
die Midlife-Crisis
schon hinter sich
Zier dich nicht so, Mutti!
Denk an deine Freundinnen-
wenn du einen Liebhaber hast,
werden die
platzen vor
Neid
Meint ihr
wirklich,
Kinder?

Aber was wird Papi dazu sagen? ?!?
Immer nur Papi ist doch langweilig, Mutti!

Hurra! Endlich eine der Schuhgröße 39 paßt!
Mir paßt der Pumps Herr Prinz!

Und die Moral von der Geschicht:

Die meisten Männer haben einen unmöglichen Geschmack, vor allem was Schuhe betrifft.

Noch ein Märchen:

»Die Prinzessin in der Erbsensuppe«
- Tragisch, gell?

Mit den Augen der Liebe

Im internationalen Vergleich zeigt sich (endlich mal), daß bei uns die berufliche Gleichstellung der Frau tadellos verwirklicht ist....

AUS DEM ARBEITSLEBEN

1. In der Arbeitswelt des Mannes kann schon der allerkleinste Fehler fatale Folgen haben, wie dieses Beispiel aus einem typischen Männerberuf beweist:

Das Wams ist im Eimer
Hier ist er! Wie Euer Majestät befahl!
„Kopf ab!" hab ich gesagt, du Idiot! „Kopf ab!" – nicht „Knopf ab!"
Eva H.

2. Daher...
WIR
stellen ein:
1 Henker
Darum...

3. ...noch viele Jahre später:

QUAK
Ark
Kreisch
PLUMS
Klatsch!
AUTSCH
FLATTER
Schnatter
QUAK
Platsch
Jaul
Kreisch
AUA
Schwirr
PÄNG
Quak
BRUMM
Autsch
Rumpel
Quietsch
Besser eine
Ente mit Schrecken
als ein Schrecken
ohne Ente!
Eva H.

Hey, Mann! Das gehört sich aber gar nicht!

TABU-THEMA

...nebenbei bemerkt: Dein Kaffee ist ganz klasse.
Richtig: Dein Kaffee ganz ohlalala
Was bitte soll daß heißen?
Hervorragend

Meine Frau kocht den besten Kaffee der Welt!
Echte Konsumvorbilder seid ihr
Was'n los?!
Habt ihr die Reklame gesehn, wo das Embryo im Mutterleib nörgelt: „Oh, wenn diese Welt so schlecht ist, wie der Kaffee meiner Mutter, dann will ich nie, nie geboren werden!"?
Jede Wette, das war'n männliches Embryo

Aber mal ehrlich, - was ist'n das für'n Kaffee? Oder haste irgendwelche Tricks? Wassermäßig oder so?
Welche Marke
Sag mal, willst du mich verarschen?!
Tu doch bloß nicht so, als ob du dich auch nur die Bohne für Kaffee interessierst. Ich weiß doch ganz genau, was du denkst
aber...

'ne blöde Hausfrau bin ich, denkst du, null Interessen außer Kinder, Küche und's Klo putzen. Naja, wenigstens Kaffee kann'se kochen. Das denkst du!
Ich will's dir ganz offen sagen: Jawohl, ich bin Hausfrau! Und ich steh dazu!! So!! Jetzt weißt du's!!!
aber ich hab das doch nie bezweifelt

Aber ich wollt doch ehrlich nur sagen, daß dein Kaffee ehrlich klasse ist!
Vorsicht: – jetzt wirst du verletzend!
Alle hacken auf mir herum! Alle! Alle! Warum? Warum?
Also ich entschuldige mich hiermit in aller Form. Wußte nicht, daß man sowas nicht sagt.
Okay. Man weiß ja, wie aggressiv du bist.
Über was hatten wir eigentlich gequatscht?
Über den Mythos vom vaginalen Orgasmus.

Richtig. Also ich weiß exakt, der vaginale Orgasmus ist kein Mythos.
Also ich will dein Expertentum ja keineswegs anzweifeln, aber ich als Frau...
Nach meiner Erfahrung ist bei euch Frauen...
Also bei mir klappt es meistens, wenn ich kurz vorher was Saueres gegessen hab
... oder wenn ich im Fernsehn einen Gruselfilm gesehen hab.
Probier das doch mal.
Du machst was falsch. Atmung oder so. Wahrscheinlich ist bei dir da alles verklemmt!
Du verwechselst das wohl mit 'nem klitorialen Orgasmus?
Das bringt's fast immer total!
Eva H.

Werd bloß nicht größenwahnsinnig - ich war auch schon mal ein Elefant!
Eva H.

Sieh mal ganz
unauffällig rüber
-da drüben läuft
wieder eine von diesen
Teil-Emanzipierten...
Eva H.

Das Filet war versteinert, die Kroketten war'n matschig, und der Wein abscheulich... und sie ist die absolute Nervensäge! – Warum läßt er sich das gefallen – ein Mann von seinem Format?!
Eingebildete Ziege! Und diese unmögliche Bluse! Aufrichtig leid tun kann einem der arme Mann!
Welch charmante Frau! Und diese Ausstrahlung! Was findet sie nur an ihrem aufgeblasenen Wichtigtuer!?
Wie kommt bloß dieser langweilige Geizhals zu so einer attraktiven Frau?
Eva H

Endlich!
Das unverzichtbare Set
für ordnungsliebende Intellektuelle
Das Buch zum Besen
Der Besen zum Buch
Eva H.

Aus dem Zyklus
Der kleine Unterschied
A.
B.
Der geneigte Leser
Der schiefe Turm von Pisa
Eva H.

Aber Karl-Heinz, nur weil ich gesagt hab, daß du vielleicht nicht ganz so sensibel bist wie ich, mußt du doch nicht gleich weinen!
Eva H.

Der Fortschritt der Freiheit

5.
Aber Mutti ist so schlecht zu Fuß: ich mußte sie abholen und wieder heimfahren – auf Dauer wurde das zuviel für mich.
6.
Die Frage war natürlich: "Wie soll es weitergehen?"
7.
Zum Glück wurde dann meine Freundin arbeitslos
8.
„Paß auf", hab ich zu ihr gesagt, „eh du bei dir rumhockst und eh sinnlose Bewerbungen schreibst, da kannst du doch echt sinnvoll bei mir ein wenig putzen."

9.
„Okay", sagte sie, „mach' ich....
10.
...ich putz bei dir für 15 Mark", sagte sie.
-Und jetzt kommt der Clou:
„15 Mark pro Stunde!"
Oh Gott, bin ich denn mit einer Nutte befreundet (gewesen!)...
tut sie es nur für Geld?!?
12.
Als Nutte würde sie viel mehr verdienen, hat sie gesagt.
Schamlos! Das kommt davon, wenn Frauen berufstätig werden:
Geld wollen sie!
Geld! Geld!!
Pfui!!!

13.
Aber ich laß mich nicht ausbeuten!
Ich hab zum Gegenschlag ausgeholt.
14.
Ich hab mich von den Weibern emanzipiert:
Mein Stopfgarn, mein Eierkocher, meine Fonduepfanne, mein Putzeimer, mein Entsafter, mein Brotschneider,
Mixer, mein Grill. mei
15.
Und –
–jetzt kommt der Clou:
Meine eigene Klobürste!

Ich hab endlich meine Freiheit!
Eva H.

...wenn ich jetzt mein Strickzeug dabei hätte...
GIRL
Eva H.

SOVIEL GLÜCK BEI DEN FRAU'N

Oh! Oh!
Ihre Frauen!
Drei Ehefrauen und
eine Tochter – ? –
leider etwas unklar –
vielleicht auch eine Ehefrau und
drei Töchter

Nie werden Sie
wie andere Männer hilflos
vor Entscheidungen stehen:
Ihre Mutter wird Sie
stets mit guten Ratschlägen
begleiten und immer wissen,
was gut für Sie ist.

Auch für Ihren Berufserfolg werden Frauen die große, entscheidende Rolle spielen...

... ja, ich sehe es überdeutlich: Mein Herr, Ihr Chef wird eine Frau sein!
Eva H.

...wenn jetzt meine Frau kommt, gibt's unheimlich Ärger- ich hab nämlich das Geschirr noch nicht gespült!
14:58
Eva H.

zieh gefälligst den Bauch ein!

GESUNDHEITSBEWUSSTSEIN

ich kann ein
Lied davon singen
was es heißt ein
Lustobjekt zu sein
Eva H.

Mir sind diese modernen Typen alle zu unsensibel!
Eva H.

Nichts gegen den technischen Fortschritt - aber wenn du mich fragst - ich empfinde den Verlust an Tradition auch als Verlust an Glaubwürdigkeit
Eva H.

Skizzen einer Ehe

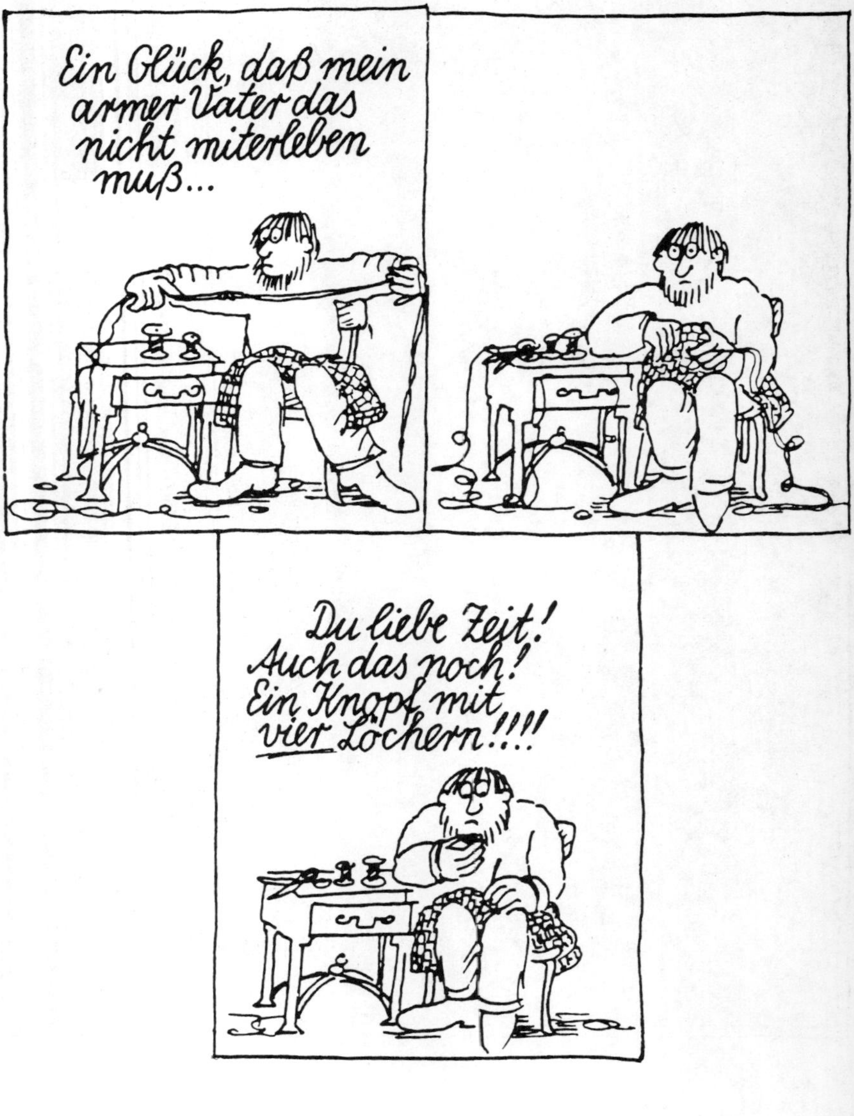

Und jetzt noch 'ne Blutvergiftung... ...wozu hat man eigentlich geheiratet?!

Wahnsinnig alternatives Gefühl!
Eva H.

Fröhliches Geschenkband-bügeln!
Eva H.

Genau so hab ich mir eine partnerschaftliche Zweierbeziehung ohne Besitzansprüche immer vorgestellt!
Eva H.

Da sieht man's wieder: immer mehr Frauen haben Positionen, die früher nur von Männern besetzt waren!
DANKE
Eva H.

DAS DICKE ENDE

Cartoons

Peter Butschkow
Biofrust und Tortenlust!
Band 10380
Einfach tierisch
Band 10040
Grufties
Der alte Mensch ab dreißig
Band 8273
Hot Dogs!
Band 8341
Mamas & Papas um Jahre geeltert
Band 8292
Papas & Mamas
Ein Herz für Kinder-Jährige
Band 10687
Tennis total
Band 10981

Eva Heller
Küß mich, ich bin eine verzauberte Geschirrspülmaschine!
Band 10940
Vielleicht sind wir eben zu verschieden!
Band 10979

Eva Heller
Willst du meine Teilzeit-Lebensgefährtin werden?
Band 10971

Barbara Hömberg
Damit wird Mann leben müssen
Band 10504

Hoviv
Starke Mannsbilder
Band 10777

Petra Kaster
Traumprinzen
Märchen-Cartoons
Band 10886

Doris Lerche
Kinder brauchen Liebe
Psycho-horror-picture-show II. Band 8289
Keiner versteht mich!
Psycho-horror-picture-show III. Band 8240

Marie Marcks
Lemminge
M. M.'s systematische Frühwarnungen
Band 8366
Weißt du, daß du schön bist?
Band 10490

Chlodwig Poth
Das Katastrophenbuch 1
12 Bildergeschichten
Band 8388
Das Katastrophenbuch 2
12 Bildergeschichten
Band 8391
Taktik des Ehekriegs
Band 2484
Tanz auf dem Vulkan I
12 Bildergeschichten
Band 8389
Tanz auf dem Vulkan II
12 Bildergeschichten
Band 8392

Gerhard Seyfried
Freakadellen und Bulletten
Band 8360

Jules Stauber
Zu zweit
Band 11296

Fischer Taschenbuch Verlag

fi 474/23